LE BODY LANGUAGE

Comprendre l'importance et la signification
des signaux corporels

Par Rosanna Gangemi

50MINUTES.fr

POUR ALLER PLUS LOIN 69

LE BODY LANGUAGE

- **Problématique ?** Comment communiquer de façon cohérente et convaincante grâce à la force des mots et du corps ?
- **Utilité ?** Puisque le langage corporel fait partie intégrante des contacts quotidiens, sa bonne gestion permet de n'exprimer que ce que l'on souhaite afin d'être le plus professionnel possible au travail. En comprenant son mécanisme, il devient également plus facile de décrypter le comportement de ses collègues et d'être à leur écoute.
- **Contexte professionnel ?** Entretien d'embauche, présentation, négociation, gestion de la clientèle, contacts sociaux au sein de l'entreprise, etc.
- **FAQ ?**
  - Comment camoufler mon anxiété afin de paraître sûr(e) de moi ?
  - Comment éliminer les tics qui captent inutilement l'attention de mon interlocuteur ?
  - Quelles attitudes éviter pour mettre à l'aise un collègue hiérarchiquement inférieur ?

- Comment convaincre un client que mon produit est le meilleur ?
- Comment présenter un projet devant mes collègues ?
- Comment décrypter le comportement de mon interlocuteur ?

> « Le corps n'est pas muet… mais il parle sans qu'on ne le remarque. »

Qui n'a jamais répété jusqu'à la perfection un discours d'entretien et qui s'est, malgré tout, retrouvé dans une mauvaise posture une fois devant son interlocuteur ? Si une telle situation ne vous est pas étrangère et que vous vous découragez de ne pouvoir maîtriser tous les paramètres du message que vous délivrez, rassurez-vous car il est tout à fait possible d'apprendre à moduler les subtilités du langage corporel pour parvenir à vos objectifs.

Puisque vos expressions faciales, vos gestes et vos postures semblent détenir tout autant de pouvoir de persuasion que votre discours verbal, il est essentiel de repérer les éléments qui traduisent un état d'esprit, une émotion, une vérité parfois bien ancrée dans votre inconscient, qui peuvent jouer en votre défaveur le jour J. Car la frontière est mince entre une rencontre qui vire au fiasco et un meeting où vous parvenez à épater votre audience grâce au charisme et au magnétisme que vous dégagez. L'expression du langage corporel agit, dans ce cas, comme un incitant à valider ou à invalider l'impression initialement transmise à votre public. Au poker, ces signaux parasites sont appelés les *tells*, car ils permettent aux joueurs de deviner les intentions de leurs adversaires. De la même façon, dans le domaine de la séduction, l'intérêt que vous porte une personne peut se confirmer via des micro-expressions bien précises (concept développé par le psychologue américain Paul Ekman, né en 1934).

Dans le monde professionnel, où les relations sont souvent basées sur une connaissance superficielle de l'autre, la maîtrise – certes relative puisqu'il est impossible de contrôler tous nos comportements – du langage corporel revêt une importance d'autant plus capitale. On ne s'étonnera dès lors pas de constater que la communication non verbale soit tenue en si haute estime par les personnalités publiques, les politiciens mais aussi les managers qui travaillent sans cesse leur expressivité afin de capter l'attention et finalement de convaincre, faisant d'ailleurs souvent appel aux services de « profileurs gestuels ».

Apprenez à parler cet idiome, afin que son vocabulaire n'ait plus de secret pour vous.

B.A.-BA DU LANGAGE CORPOREL

> « *On ne peut pas ne pas communiquer.* » (Watzlawick (Paul), Beavin (Janet H.) et Jackson (Donald D.), *Une logique de la communication*, Paris, Seuil, 1972)

Notre corps envoie constamment des informations représentant un mode de communication à part entière, le langage corporel ou *body language*, qui permet de ponctuer, renforcer, nuancer, voire de contredire ce qui est exprimé par les mots. Cette communication corporelle – qu'elle soit volontaire ou non, visuelle (gestes, posture, etc.) ou vocale (ton de la voix, vitesse d'élocution, etc.) – s'opère par le toucher, par la parole, par les voies hormonales, par le biais de gestes et des mouvements interprétés correctement grâce au partage d'une même culture.

LES 3V DE LA COMMUNICATION

Certains gestes anodins peuvent décider d'une carrière, comme l'indique une enquête réalisée en France (2012) par le recruteur OfficeTeam auprès de 200 directeurs des ressources humaines. On y apprend que lors d'un entretien d'embauche, 90 % des DRH se disent sensibles à la gestuelle et à la posture des candidats. Ces résultats font écho à l'une des études les plus classiques en la matière, celle d'Albert Mehrabian (psychologue américain d'origine iranienne, né en 1939) qui avance qu'un message émotionnel (sentiment ou état d'esprit) suit la règle des 3V et comprend :

- 55 % de non-verbal (communication visuelle) ;
- 38 % de paraverbal (communication vocale) ;
- et seulement 7 % de verbal (contenu).

La transmission d'un message émotionnel

Ces considérations doivent cependant être nuancées, car elles ne se vérifient généralement pas pour tous les discours neutres (propos techniques, cours, etc.).

LA CONGRUENCE

Pour que la communication soit optimisée, ces trois formes de langage doivent être cohérentes. Si deux discours provenant de deux canaux différents et offrant des indices divergents sont envoyés conjointement, il est plus que probable que le destinataire ne réceptionne pas correctement le message global. Il n'est, par exemple, pas recommandé de serrer la main de quelqu'un en murmurant « bonjour » sans le regarder, ni de dire « votre offre de salaire me convient tout à fait » alors que vous fuyez le regard de votre interlocuteur, que vous placez vos mains devant votre bouche ou encore que vous affichez un faux sourire !

DÉCRYPTER LES SIGNES CORPORELS (NON VERBAUX ET PARAVERBAUX)

Désormais conscients du pouvoir de persuasion du corps, analysons la grammaire des postures et des gestes les plus révélateurs, déclinée en attitudes corporelles positives et négatives. Attention cependant : certains gestes, en fonction des situations, peuvent avoir plusieurs significations différentes !

Enfin, au-delà du fait que cette démarche vous permette d'appréhender de nouveaux aspects de votre communication, il vous faut garder à l'esprit que cette connaissance des signaux corporels devrait également vous aider à décrypter la gestuelle de vos interlocuteurs. Nous appuyant sur les nombreuses recherches de grands spécialistes en matière de signaux corporels, dont en particulier le psychologue belge Joseph Messinger (1945-2012), nous pouvons affirmer qu'en restant à l'écoute de votre corps et de celui de l'autre, vous parviendrez à donner l'impression souhaitée et à décoder les messages non verbaux émis.

La silhouette

- **La tête.** Si la plupart des gens incline naturellement et le plus souvent la tête, ils ne se rendent pas pour autant compte du message qu'ils renvoient ce faisant. Penchée vers la droite, elle se rapporte au pôle rationnel ; vers la gauche, elle fait davantage appel à l'émotionnel ; enfin, maintenue haute, elle traduit une assurance, une confiance en soi qui peut aller jusqu'au mépris. Il n'est donc pas conseillé d'utiliser cette dernière posture trop souvent, au risque de paraître agressif et hautain. Au cours d'une rencontre, veillez à ce que votre corps ne manifeste jamais une soumission corporelle : la tête basse, par exemple, traduit le renoncement ou la défaite, et rappelle l'abnégation de l'écolier ou de l'enfant face à l'autorité, et peut également révéler de la tristesse.

- **Les épaules.** Assis face à un recruteur, inutile de donner l'impression de porter le poids du monde sur vos épaules : haussez-les, reculez-les et relâchez-les. Bombez légèrement le torse et efforcez-vous à toujours vous tenir bien droit, jusqu'à ce que cela devienne votre vraie nature. Vous aurez ainsi l'air digne et attentif.
- **Le tronc.** Si un sourire donne le départ et une poignée de main scelle une entente, le reste du corps est tenu de renvoyer le même message. Si vous désirez être apprécié par votre interlo-

cuteur et renforcer votre implication, orientez tout votre corps vers lui.

Recommandations

Évitez toute posture pouvant paraître trop passive et jouant en votre défaveur – assis, dos voûté, bras ballants – ou au contraire toute posture suggérant de l'arrogance ou un manque d'assurance – tête inclinée en arrière, regard fuyant.

Votre tronc doit pouvoir jouir d'un espace suffisant de façon à ne pas gêner votre respiration et à donner l'impression que vous êtes en contrôle et à l'aise avec vos propos.

- En position debout, placez vos pieds au même niveau que vos hanches. Assis, allongez vos bras sur les accoudoirs. Tout en restant élégant, prenez conscience de l'espace qui vous entoure, ouvrez votre corps vers l'extérieur. Plus vous investirez l'endroit, plus vous dégagerez de la puissance et imposerez votre autorité. Il s'agit là d'un exemple de ce que l'on appelle les « postures de force ». Si vous désirez approfondir vos connaissances en matière de prise de conscience de vos mouvements, n'hésitez pas à consulter le travail du Dr Moshe Feldenkrais (1904-1984).

Le visage

- **Le sourire.** La bouche fermée, les lèvres pincées, les dents serrées : voilà un sourire qui certes ne vous emportera pas loin. Comment distinguer alors un sourire sincère d'un sourire hypocrite ? Le premier demeure quelques secondes sur le visage une fois l'origine du rictus envolée, tandis que le sourire de commande s'efface immédiatement. De même, s'il est normal de montrer ses dents du haut quand on sourit de manière franche, les sourires qui montrent toute la dentition – à la manière des stars d'Hollywood – sont souvent factices. Attention, sous l'effet de l'anxiété, vous pourriez avoir l'impression de sourire alors que vos muscles faciaux sont figés. Essayez cette petite astuce juste avant la rencontre que vous redoutez : octroyez-vous un court massage du visage, en effectuant de légers mouvements singuliers du bas vers le haut. Enfin si votre interlocuteur ne semble pas disposé à vous retourner votre sourire, n'y accordez aucune importance dans l'immédiat.

- **Les pupilles.** Des pupilles dilatées traduisent des émotions positives, un intérêt ou une disponibilité qui peut trahir une attirance. *A contrario*, des pupilles rétractées soulignent des émotions négatives, telles que la peur, l'indifférence, le dégoût ou encore le mensonge.
- **Le regard.** La direction que prend le regard en dit long sur les pensées de l'interlocuteur.
    * En haut à gauche, la réflexion se porte sur un déjà-vu.
    * Au milieu, dans le vague, la personne doute, elle s'interroge.
    * En bas à gauche, elle essaie de choisir et se livre à un dialogue interne.
    * Au milieu à gauche, elle comprend.

Selon Allan Pease (né en 1952), spécialiste australien du *body language*, les hommes qui mentent tendent à baisser le regard, alors que les femmes le lèvent.

Les membres

- **Les bras.** La façon dont vous utilisez vos bras est un indice de choix pour toute personne située en face de vous. Elle rend compte à quel point vous êtes réceptif à son discours.

* En positionnant vos bras le long de votre corps, vous manifestez que vous êtes à l'aise et que vous n'avez pas peur de saisir les opportunités qui pourraient se présenter.
* En croisant les bras, vous envoyez par contre un message négatif : vous paraissez sur la défensive et, par conséquent, non réceptif aux informations qu'on vous livre.
* Si vos paumes sont légèrement orientées vers le haut lorsque vous bougez vos bras, vous aurez l'air ouvert et sympathique.

- Les mains. D'après les études de Susan Goldin-Meadow (née en 1949) et de ses collègues du département de psychologie de l'université de Chicago, le fait d'être en mouvement aide certaines personnes à mieux faire fonctionner leur cerveau (technique réputée auprès des acteurs qui apprennent leurs textes en marchant) : cette « externalisation » assiste nos processus mentaux. Ainsi, lors d'un entretien, durant lequel vous n'aurez probablement pas la possibilité de déambuler dans la pièce, n'hésitez pas à gesticuler – sans exagérer – pour booster votre cerveau.

La symbolique des mains

IMPRESSIONS POSITIVES	
Exposer les paumes au regard, vers l'interlocuteur	Inspire de la CONFIANCE
Poser les mains sur les hanches, si en position d'écoute active	CONSIDÉRATION et INTÉRÊT
Joindre les mains en triangle	la pointe vers le haut, ACTION ; orienté vers le bas, ATTENTION
Poser les avant-bras à plat	CONFIANCE EN SOI
Placer les mains le long du corps	DÉSINVOLTURE et ÉLÉGANCE
Utiliser les mains pour soutenir le discours oral	Renforce l'AT-TENTION et la MÉMOIRE de l'interlocuteur

IMPRESSIONS POSITIVES (suite)	
Serrer la main, paume légèrement tournée vers le haut, et adapter sa propre pression	OUVERTURE et CONSIDÉRATION
Garder les mains serrées dans le dos	CONFIANCE, MAÎTRISE et DOMINATION
Frotter les mains l'une contre l'autre	PRÉDICTION OPTIMISTE
Prendre sporadiquement des notes	INTÉRÊT

IMPRESSIONS NÉGATIVES	
Coincer les mains entre les jambes	MANQUE D'ASSURANCE
Poser les mains sur les hanches	DOMINATION
Poser l'index sur le bout du nez	INTERROGATION
Croiser les mains	BESOIN DE PROTECTION
Garder les mains dans les poches	MANQUE DE CONSIDÉRATION
Jouer avec un objet (feuille, stylo, etc.)	STRESS
Saluer en utilisant les deux mains	AMITIÉ et EMPATHIE mais peut être perçu comme envahissant
Se toucher une partie du corps (mèche, lobe, etc.)	DOUTE, HÉSITATION, ENNUI ou ENVIE DE SÉDUIRE
Poser l'index sur la tempe et le pouce sur le menton	ENNUI ou ÉVALUATION
Griffonner sur un carnet	MANQUE D'ENGAGEMENT

- Bien plus, vos mains possèdent une évidente force « extérieure ». Le toucher est en effet un signal non verbal des plus primitifs : il vous permet de laisser une bonne impression dès la première rencontre, en créant un lien unique avec votre interlocuteur. Soignez donc votre poignée de main, qui est, à peu de choses près, le seul contact physique communément accepté dans le cadre professionnel.

LA POIGNÉE DE MAIN

Si elle est bien réalisée, la poignée de main laisse une impression positive à l'autre personne. Pour ce faire, il convient d'éviter :

- **la main molle.** Serrer une main molle n'est pas agréable et est souvent le signe d'un caractère faible. Toutefois, il ne faut pas non plus exercer une trop forte pression, sous peine de passer pour un individu agressif ou dominant ;
- **la main moite.** Nombreux sont ceux qui paniquent avant un entretien important, le message transmis par leur poignée de main moite trahit leur état d'esprit. Petite

astuce pour contrer ce détail gênant : pas-
sez vos mains sous l'eau froide, frottez-les
avec un peu de talc ou emportez un mou-
choir pour vous essuyer juste avant votre
rencontre ;

- **une position du corps équivoque.** Ne restez pas assis lorsque vous serrez la main de quelqu'un et évitez également de vous pencher au-dessus du bureau. Il est de coutume que la personne le plus âgée ou occupant le statut le plus élevé soit la première à tendre la main.

- **Les jambes.** L'idée que les jambes croisées, tout comme les bras, soient un signe de défense et de distance est assez répandue, c'est pourquoi il faut y apporter quelques nuances :
    * si elles sont croisées au niveau du genou, même lors d'un entretien, elles représentent une position classique communiquant décence et, en particulier pour les hommes, un certain style ;
    * si les jambes et les bras sont croisés simultanément, cela revoie un signal de fermeture ;
    * lorsqu'une jambe pliée repose sur la cheville à hauteur du genou de l'autre jambe, cela révèle soit un relâchement, soit un esprit compétitif et performant. En outre, cette posture masculine n'est pas très élégante ;

* les jambes doublement croisées – cela vaut également en position debout – peuvent transmettre un malaise et un besoin d'autoprotection ;
* repliées sous la chaise, les jambes traduisent une certaine timidité ou une incertitude ;
* s'il faut rester longtemps debout, comme lors d'une présentation, il est recommandé de prendre appui sur les deux pieds et, de ce fait, éviter de s'appuyer sur une hanche ou de se balancer de droite à gauche.

- **Les pieds.** Impossible pour eux de passer inaperçus, contrairement à ce qu'on pourrait croire. Avec vos mains, ce sont les parties du corps qui transmettent le plus de signaux. Évitez dès lors de vous balancer de l'un à l'autre ou, pire encore, de taper du pied. Ce dernier comportement traduit un sentiment d'ennui, de la nervosité ou de l'exaspération, et risque, dans bien des cas, de perturber votre correspondant. Lors d'une conversation debout, prêtez une attention particulière à leur position.

La symbolique des pieds

IMPRESSIONS POSITIVES	
Bien parrallèles et bien ancrés au sol	PRÉSENCE
À plat sur le sol, en position assise, dos droit	CONFIANCE
Orientés vers l'interlocuteur	VOLONTÉ DE COMMUNIQUER avec lui
IMPRESSIONS NÉGATIVES	
Accrochés aux barreaux de la chaise	TIMIDITÉ
Orientés vers la porte	DÉSIR DE FUITE
Restant face à un premier interlocuteur, alors qu'un tiers rejoint la conversation	MANQUE D'OUVERTURE (par rapport au nouvel arrivant)

INTIMITÉ SUR MESURE

Selon Edward T. Hall (anthropologue américain et père de la proxémie, 1914-2009), à qui nous devons ce néologisme, les distances physiques entre les hommes déterminent quatre zones spatiales différentes. Les transgresser provoque des réactions d'agressivité ou de fuite, discrètes ou évidentes. Par conséquent, en tenir compte est une démarche précieuse, car elle permet d'établir une communication respectueuse et bienveillante.

Les quatre zones spatiales de Hall

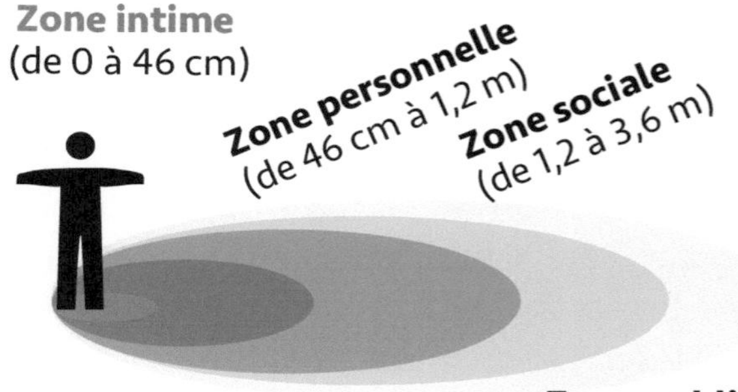

- **La zone intime, entre 0 et 46 cm,** réservée aux relations privilégiées (famille, partenaires et amis très proches).
- **La zone personnelle, entre 46 cm et 1,2 m,** où l'on retrouve les relations de bonne entente (amis, collègues qui passent du temps ensemble en dehors du bureau, etc.).
- **La zone sociale, entre 1,2 et 3,6 m**, où l'on rencontre les connaissances. À cette distance, on se sent en sécurité et les émotions sont généralement bien maîtrisées.

- **La zone publique, au-delà de 3,6 m,** où les interactions se situent au niveau du groupe (lors d'une séance ou d'un exposé) ou entre parfaits inconnus.

Même si cette théorie reste une référence généralisée, Hall lui-même nous rappelle que les distances varient selon les cultures : par exemple, dans les pays latins, et plus encore dans les pays africains, les corps sont souvent plus rapprochés que dans les pays nordiques.

Être conscient de votre distance limite ainsi que de celle de votre interlocuteur est primordial si vous ne désirez pas faire de faux pas. Repérez la distance à laquelle ce dernier se place spontanément au début de votre entretien et observez s'il se rapproche de vous au cours de la conversation. La moyenne des deux mesures vous indiquera la distance idéale d'échange.

LE CORPS POLYGLOTTE

Si la colère, la joie, la tristesse, la peur, le dégoût, l'étonnement se lisent souvent sans trop de difficultés sur le visage des gens, quelle que soit leur origine ou leur culture, on observe cependant des spécificités propres à chacune d'elles. Ce constat se vérifie même parfois au niveau des différentes ethnies d'un même pays. En effet, d'un point de vue phylogénétique, certains mouvements des muscles faciaux, dont on se sert pour exprimer un sentiment ou un besoin, semblent être héréditaires. Il est par exemple bien connu que, contrairement aux peuples germaniques, scandinaves et anglo-saxons, les Méditerranéens utilisent davantage l'expressivité de leur corps pour communiquer.

Vous comprendrez donc sans peine qu'il vous faut éviter les chocs interculturels dans des moments cruciaux comme lors d'un entretien professionnel. En outre, avant d'entamer une carrière à l'étranger, renseignez-vous le plus possible sur les us et coutumes du pays concerné : ce type d'attention, perçu comme une marque de respect et d'ouverture à l'autre, peut faire toute la différence.

- **Le cas particulier des Suédois.** Favorisant un discours sobre et maîtrisé, les Suédois ne semblent pas être de fervents adeptes des formes de communication non verbales. Par exemple, au cours d'une conversation en face à face, ils ont tendance à maintenir une certaine distance entre eux afin de ne pas envahir l'espace de l'autre. À l'exception de la poignée de main, évitez donc de toucher votre interlocuteur.

- **Le cas particulier du Japon.** Alors qu'en Europe, il paraît impensable de ne pas regarder droit dans les yeux la personne à qui l'on s'adresse, il n'en va pas de même au Japon. Dans ce pays très hiérarchisé, la coutume veut que l'on ne se regarde pas dans les yeux, mais plutôt à hauteur du cou. À cela s'ajoutent d'autres conseils :
    * assis, veillez à ne pas montrer vos semelles de chaussures (conseil également valable pour les pays arabes), car cela est perçu comme une grande impolitesse ;
    * évitez tout contact physique, tant que votre interlocuteur ne vous invite pas à le faire ;
    * ne vous obligez pas à combler les temps de silence. Ceux-ci, qui peuvent paraître embarrassants aux yeux des Européens, sont particulièrement appréciés des Japonais qui les considèrent comme des moments très précieux.

GARDEZ-VOUS DES INTERPRÉTATIONS HÂTIVES

La morphopsychologie (méthode qui cherche des correspondances entre l'apparence physique et le caractère de l'individu), l'analyse morphogestuelle (qui explore la personnalité à travers l'analyse de ses aspects corporels expressifs et évolutifs) et, surtout, la synergologie (discipline récente du champ de la communication dont l'objet est de décrypter le fonctionnement de l'esprit humain en analysant la structure de son langage corporel) sont autant de disciplines qui peuvent fournir des pistes de réflexion sur la signification des signaux corporels. Mais il ne faut pas tout prendre pour argent comptant.

Le terme « connaissance » rimant avec prudence, faites attention aux interprétations hâtives, qui peuvent mener à des malentendus. D'une part, un même signal peut signifier plusieurs choses selon les situations et les contextes socioculturels, d'autre part chaque individu possède son propre style d'expression. Veillez dès lors à toujours contextualiser les messages non verbaux.

TOP CONSEILS

- Testez la technique de l'effet miroir ou *mirroring*. Essayez de vous mettre à la place de la personne à qui vous vous adressez, et de ressentir ce qu'elle ressent en voyant vos expressions du visage, vos gestes et vos déplacements.
    * **Avant un entretien,** mettez-vous en conditions réelles face à une personne qui sera suffisamment critique pour vous faire progresser. Vous pouvez également vous enregistrer ou vous entraîner face à un miroir. Cela vous permettra de déceler les gestes qui sont susceptibles de vous trahir le jour J.
    * **Pendant un entretien,** essayez d'adopter une posture et une gestuelle similaires à votre interlocuteur, tout en évitant l'effet singe, donc en restant subtil et naturel. Des études – notamment dans le domaine de la programmation neurolinguistique – ont par ailleurs démontré que les personnes en phase ont tendance à utiliser le même répertoire gestuel avec une

quasi-synchronisation temporelle. Et qui se ressemble, souvent, s'assemble.

- Souriez ! Ne sous-estimez pas le pouvoir du sourire – avec la bouche ainsi qu'avec les yeux – lors d'une rencontre, car il indique aux autres que vous êtes quelqu'un d'accessible, de coopératif, de positif et de sympathique.
- Soyez expressif. Établissez et gardez un contact visuel direct et franc avec votre interlocuteur pour lui signifier que vous êtes ouvert à la discussion et attentif. En lui tendant votre main, maintenez le contact oculaire. Attention cependant à ne pas le fixer de manière trop insistante, afin d'éviter tout malaise.
- Considérez votre poignée de main comme votre première carte de visite. Dans le monde professionnel, s'il est fréquent de saluer une personne en lui serrant la main, il n'en reste pas moins important d'accompagner ce geste d'un certain style, car une poignée de main se doit d'être ferme et brève.
- Privilégiez des attitudes inspirant à votre interlocuteur une certaine ouverture. Positionnez votre corps de manière expansive. Les recherches réalisées dans les universités de Northwestern (2001) et de Columbia

(2010) ont ainsi prouvé que non seulement nos postures subissent notre humeur et notre état émotionnel, mais qu'elles peuvent aussi bien les influencer. En d'autres termes, le fait de relever la poitrine peut, par exemple, nous faire gagner en fierté et en confiance en nous. De plus, le niveau de testostérone – hormone qui est liée au bien-être et autres synonymes de puissance – augmente, tandis que le niveau de cortisol – l'hormone du stress –, diminue.

- Débarrassez-vous de tout objet superflu. Lors d'un entretien, nombreux sont ceux qui tiennent un objet dans leur main pour tenter de canaliser leurs émotions. Il semblerait, pourtant, qu'il soit plus judicieux de garder vos mains libres afin qu'elles accompagnent har-monieusement vos propos ou qu'elles soient simplement posées sur vos cuisses.

- Optez pour une posture distinguée et convain-cante. Le dos droit donne une impression de prestance, de confiance en soi et d'assurance, aussi, que ce soit au cours d'un tête-à-tête ou lors d'une rencontre en groupe assis autour d'une table, tenez-vous élégamment, l'échine fière, les épaules détendues et la tête haute. Quand vous marchez, fixez un point à l'horizon et regardez droit devant vous.

- Adoptez le *dress code* adéquat. Votre choix vestimentaire – en plus de votre silhouette et de votre gestuelle – sera analysé par votre interlocuteur qui ne parviendra pas à en faire abstraction. Votre style doit donc être en adéquation avec le poste que vous convoitez ou, plus largement, avec le contexte dans lequel s'inscrit la rencontre. Cela étant, n'en faites pas trop au risque de passer pour ce que vous n'êtes pas. Le plus important, lors d'une rencontre professionnelle, est de vous sentir à l'aise dans ce que vous portez et de paraître soigné.

UNE QUESTION DE PARFUM

Si vous ne connaissez pas les goûts de votre interlocuteur, optez pour un parfum léger – voire pas de parfum du tout – pour éviter d'embaumer la pièce d'une odeur qui pourrait lui déplaire et inconsciemment l'influencer.

- Faites de la détente et de la concentration votre credo. Puisqu'il est rarement agréable d'être spectateur de petites mimiques ou de tics récurrents – tels que remettre dix fois ses cheveux derrière l'oreille, couvrir sa bouche lorsque l'on sourit, se toucher le cou –, pensez à vous contrôler et à vous détendre en respirant calmement pour ne pas perturber votre interlocuteur. En outre, cela vous déconcentre également, même si vous ne vous en rendez pas forcément compte.

- Privilégiez en toutes circonstances la cohérence de votre discours pour un impact maximal. Votre gestuelle et vos propos doivent être en harmonie. Utilisés pour souligner un point-clé et pour ponctuer une phrase, vos gestes devront toujours être parfaitement synchronisés avec vos mots.

FAQ

COMMENT CAMOUFLER MON ANXIÉTÉ AFIN DE PARAÎTRE SÛR(E) DE MOI ?

> Alors que j'ai pris conscience de l'importance du langage corporel et entamé une formation pour apprendre à le maîtriser, je continue à présenter des signes d'anxiété lors de mes rencontres professionnelles. Cette crainte viscérale se traduit par des gestes nerveux, une bouche sèche, des tremblements, de la transpiration et des muscles tendus. Pendant ces moments, j'ai l'impression que je ne suis plus capable de contrôler mon corps !

Surmonter le stress est fondamental lorsque pointent à l'horizon des rendez-vous importants. Pour vous éviter de saboter vous-même ces entrevues, préparez-les intelligemment et écartez les inconnues.

- **Atténuer les signes visibles du stress.** Vous pouvez, en effet, apprendre à atténuer cette sensation d'angoisse, et par là même les nombreux et gênants signes somatiques. Considérant que le stress se nourrit d'imprévus potentiels, évertuez-vous, avant tout entretien, à vous renseigner sur vos futurs interlocuteurs ainsi que sur leurs intentions et ambitions. Parallèlement, prenez soin de votre corps pour être en pleine possession de vos moyens les jours de rencontre : pensez à vous reposer et à vous détendre – décontractez vos muscles, respirez profondément pour ventiler votre corps, faites des exercices de méditation, dormez, mangez léger, etc.

- **Vaincre l'anxiété.** Pour entreprendre un véritable travail de fond, il est recommandé de vous ménager via des activités (théâtre, musique, danse, sport, etc.) qui vous pousseront à écouter « parler » ou « s'exprimer » votre corps, et vous mettront en jeu devant un public. Le but de cette démarche consiste à vous faire prendre conscience des limites de votre corps pour pouvoir en maîtriser les contours. Le stress aura alors tendance à se dissiper progressivement dans l'action et pourrait même se révéler être un véritable moteur.

En d'autres termes, transformez l'anxiété en atout et ne tentez pas de la tuer (c'est d'ailleurs impossible) : vivez-la et canalisez-la afin que cette tension qui vous semblait initialement négative se mue en énergie positive. L'adrénaline fera le reste.

COMMENT ÉLIMINER LES TICS QUI CAPTENT INUTILEMENT L'ATTENTION DE MON INTERLOCUTEUR ?

> Lors de nos réunions d'entreprise, j'ai pour responsabilité de présenter l'état d'avancement des projets en cours. Même si cet exercice est itératif, je ne parviens pas à éliminer mes tics et à chaque fois ils me distraient autant qu'ils dérangent l'audience.

Les tics, qui expriment dans ce cas un sentiment d'anxiété passager, peuvent être nombreux et de nature très différente. Pour se défaire de ces parasites malvenus, il est nécessaire de passer par plusieurs étapes :

- **primo, prendre conscience de ses tics**. Aussitôt fait, vous les aurez déjà vaincus à moitié ;

- **secundo, faire régulièrement de l'exercice pour se détendre.** Pratiquez des disciplines relaxantes (yoga, etc.) en vous focalisant sur votre respiration, ou octroyez-vous un massage détente le jour qui précède votre intervention publique ;
- **tertio, se préparer au maximum – sans pour autant apprendre le texte par cœur –, réviser à haute voix pour apprendre à apprécier enthousiasmer et convaincre l'audience.** Une excellente préparation se révèlera précieuse pour augmenter la confiance en vous et réaliser une prestation convaincante : maître assuré de vos propos, vous contrôlerez aussi, sans trop le remarquer, vos manifestations nerveuses ;
- **quarto, cultiver son magnétisme.** Lors de votre présentation, canalisez votre énergie sur le choix des mots, l'intonation de votre voix et la cohérence de votre gestuelle. Regardez ceux à qui vous vous adressez dans les yeux, en veillant à consacrer la même attention à l'ensemble de votre audience et à changer de temps en temps de personne cible (technique notamment enseignée dans le monde du

spectacle).

Si vous souffrez de tics nerveux légers, in-volontaires, impérieux – mais difficilement contrôlables –, qui se répètent, identiques à eux-mêmes, sans rythme et d'une façon constante au-delà du moment performatif, sachez que vos auditeurs en feront plus facilement abstraction que ceux censés être contrôlables.

QUELLES ATTITUDES ÉVITER POUR METTRE À L'AISE UN COLLÈGUE HIÉRARCHIQUEMENT INFÉRIEUR ?

> Je suis chef d'entreprise, et je soupçonne qu'un nouvel employé est victime de harcèlement psychologique. Je voudrais pouvoir en parler avec lui, en m'assurant de lui inspirer le plus de confiance possible, tout en restant dans mon rôle d'employeur.

Pour être perçu comme une personne de confiance accessible, et ce malgré votre supé-riorité hiérarchique, apprenez à éviter certains gestes, certaines attitudes et postures, qui peuvent vous sembler naturelles dans d'autres contextes :

- mettre les mains derrière le dos ou croiser les bras, car cela peut signifier un souhait de ne pas être approché ;
- fuir le regard, car cela peut traduire le peu d'importance que vous accordez à ce que vous dit votre interlocuteur ;
- serrer la main, paume tournée vers le bas, car cela peut indiquer une intention dominatrice ;
- s'affaler sur son siège, car cela peut être considéré comme une manifestation de pouvoir ;
- placer les mains sur les hanches, car cela peut exprimer une assurance pouvant intimider ;
- mettre les mains dans les poches, car cela renvoie une image d'insouciance et inspire de la méfiance ;
- envahir l'espace personnel de l'interlocuteur, en parlant par exemple à 10 cm de son visage, car cela peut être perçu comme un manque de respect et de considération ;
- ne pas sourire, car cela rend les gens sérieux, fermés, antipathiques et insensibles.

COMMENT CONVAINCRE UN CLIENT QUE MON PRODUIT EST LE MEILLEUR ?

> Je connais bien les avantages de mon produit et suis convaincu de son efficacité et de l'atout qu'il représente pour un potentiel client, pourtant mon discours commercial semble en contradiction avec mes attitudes corporelles : mon corps, tendu et nerveux, désert mon argumentation et je ne parviens pas à convaincre mon interlocuteur.

Vêtu(e) d'une tenue élégante et sobre – et dans laquelle vous vous sentez bien dans votre peau –, dirigez-vous confiant vers votre client. Plongez votre regard affûté dans le sien, gratifiez-le d'un sourire franc et naturel et offrez-lui votre poignée de main parfaite (ferme, douce et sèche, signes de confiance en vous), essentielle pour donner une première impression positive. Il vous sera peut-être déjà possible, à ce stade de la rencontre, d'entrevoir certains indices sur la personnalité de votre interlocuteur (sa disponibilité, ses goûts, etc.).

Stabilisez votre posture : les pieds légèrement décalés en V si vous êtes debout, ou le bas du dos calé au dossier d'une chaise, le buste ouvert, si vous êtes assis. Placez-vous en face du client et essayez, sans le brusquer, de vous approcher le plus possible de lui afin de rejoindre sa zone personnelle.

Pendant que vous communiquez les messages importants, optez pour une gestuelle dosée – exprimez-vous par exemple en avançant les mains vers votre client – et essayez de vous adapter à son attitude corporelle (le *mirroring*) pour parvenir à rentrer en connexion avec lui et créer un lien particulier. Ne perdez pas de vue que votre objectif est de gagner sa confiance.

Sachez vous montrer persuasif en accordant votre discours au regard que vous posez sur votre interlocuteur, et restez vigilant afin de décoder, à votre tour, tous les non-dits. Observez-le bien pour identifier les arguments et les gestes qui ne laissent pas votre potentiel client indifférent.

COMMENT PRÉSENTER UN PROJET DEVANT MES COLLÈGUES ?

Lors des présentations de projets à mes collègues, j'ai souvent l'impression que l'ennui s'installe et que mon audience n'attend qu'une chose : la fin de mon intervention.

Premièrement, tentez de savoir si votre audience s'ennuie véritablement en relevant d'éventuels signes non verbaux univoques : pieds orientés vers la sortie, œil sur la montre, regards fuyants, manifestations d'agitation, balancement sur la chaise, changement constant de posture, bras croisés, tête tombante, etc. Il est possible que vous jugiez la gestuelle de votre public trop sévèrement, dès lors faites attention aux interprétations hâtives – par exemple, un doigt sur la joue, l'index sur la tempe ou bien une inclinaison légère de la tête, sont plutôt des manifestations d'intérêt – qui pourraient parasiter votre intervention. En règle générale, lors d'une présentation, pensez à :

- **susciter l'intérêt.** Efforcez-vous de susciter sans relâche l'intérêt, voire la passion, de votre audience. Pour que cela soit rendu possible, il est primordial que vous maîtrisiez parfaitement le sujet et que vous croyiez en ce que vous dites, que vous souriez de façon naturelle et que vous restiez calme et détendu. Procédez de la sorte et vous remarquerez rapidement que vos gestes s'accorderont avec vos dires ;

- **créer un climat de confiance.** Imaginez-vous en train de présenter vos idées devant quelqu'un avec qui vous entretenez une relation de confiance. Chérissez l'état d'esprit dans lequel vous vous trouvez une fois la mise en situation réussie, car il vous aidera à établir une relation authentique avec votre public et à le charmer ;

- **insuffler une dynamique positive.** Regardez vos collègues dans les yeux, soyez vivant et dynamisez votre présentation en occupant l'espace. Veillez à ce que chacun de vos mouvements reflète la teneur de votre discours et approchez-vous autant que possible de votre audience. Plus ils sentiront votre proximité, plus ils auront tendance à écouter et à participer. Ne manquez pas de varier votre gestuelle, tout en essayant d'identifier leur état émotionnel.

COMMENT DÉCRYPTER LE COMPORTEMENT DE MON INTERLOCUTEUR ?

> Dans l'entreprise dans laquelle je travaille, il règne un fort esprit de compétition qui se traduit malheureusement parfois par des comportements peu loyaux : rétention d'informations, quiproquos volontaires qui poussent à l'erreur, mensonges, etc. Dans ce contexte, et pour déceler les véritables intentions de mes collègues, je pense qu'en apprenant à bien décrypter leur comportement, je pourrais distinguer le faux du vrai.

Afin de décrypter le comportement de votre interlocuteur, il vous faudra faire preuve d'une grande prudence, car les interprétations hâtives et sans fondement peuvent vous placer dans une mauvaise posture. Cela étant, si lors de votre échange, ce dernier manifeste de l'inconfort, de la nervosité ou plutôt une assurance plus exubérante que d'habitude, il est possible qu'il ne soit pas tout à fait honnête avec vous.

- **Déceler l'inconfort.** Les barrières symboliques (bras, table, etc.), une tête baissée, un regard fixé sur un point, une posture révélant des jambes à angle droit par rapport au corps, des mains qui gigotent, mais aussi le rétrécissement des yeux ou l'accélération du battement de paupières, sont autant de signes révélateurs d'un malaise.

- **Déceler la nervosité.** Gesticuler ou passer ses mains à plusieurs reprises dans ses cheveux peuvent traduire un état d'anxiété, surtout si ces gestes s'accompagnent d'autres signes, tels que des tremblements, un excès de transpiration, une respiration rapide, une bouche sèche, etc.
- **Déceler un comportement qui en cache un autre.** S'avachir sur un fauteuil ou bâiller à plusieurs reprises sont des comportements qui peuvent être signes d'une désinvolture servant à couvrir une gêne ou bien une tromperie. En effet, puisque les mots ne parviennent pas toujours à convaincre efficacement, ceux qui cherchent à camoufler quelque chose peuvent avoir recours à une gestualité démesurée qui produit un effet théâtral, et qui détourne un instant au moins l'attention des interlocuteurs.
- **Déceler un mensonge ?** Bien qu'il faille toujours éviter de tirer des conclusions sur base

de nos seules intuitions, nombreux sont les signes qui peuvent nous alerter d'une potentielle tromperie.

* Toute manifestation de nervosité, surtout si elle n'est pas justifiée, peut poser question.

* Les attitudes ambiguës, ou toute incongruité, méritent également une attention particulière : un hochement de tête en opposition avec ce que la personne affirme, le manque d'un effet « miroir », des clignements des yeux plus rapides qu'à l'ordinaire, un sourcil froncé provoquant de petites rides éphémères au milieu du front.

* Les tentatives de camouflage d'expressions sont les comportements les plus éloquents : se frotter les yeux sans aucune raison apparente, se couvrir la bouche avec une main, etc.

À VOUS DE JOUER !

Découvrez trois exercices pour améliorer radicalement l'expressivité de votre langage corporel.

PREMIER EXERCICE : LA VIE AU-DELÀ DES PIEDS

Au cours de vos promenades, cessez de fixer vos pieds et obligez-vous à garder la tête bien haute pour pouvoir diriger votre regard vers l'horizon. Vous gagnerez en prestance et en ouverture sur le monde, alors que vos rencontres prendront une toute autre tournure :

- votre regard se plongera naturellement dans celui de la personne en face de vous, ce qui lui donnera l'impression que vous vous intéressez à elle, et vous renverrez une image positive. Pour éviter de la mettre mal à l'aise, rompez de temps en temps ce lien oculaire, en regardant ailleurs, vers la droite ou vers la gauche ;
- votre regard timide devra trouver un moyen d'affronter fièrement la situation. Pourquoi ne pas essayer la technique suivante ? Fixez

un point juste entre les yeux de la personne qui se tient devant vous, en évitant cependant de passer d'un œil à l'autre en permanence, jusqu'à ce que vous vous accoutumiez à la situation.

DEUXIÈME EXERCICE : L'OBSERVATEUR NON PARTICIPANT

Installez-vous confortablement dans un endroit où vous avez la possibilité de regarder les gens sans devoir forcément interagir avec eux : une université, un moyen de transport, une foule, un bar, etc. Observez minutieusement chaque personne de la tête aux pieds. Quels sont les messages que leur corps délivre ?

Réitérez l'exercice en regardant cette fois la télévision.

- **L'observation.** Regardez, par exemple, un *talk-show* en prenant bien soin de masquer la bande-son.
- **L'interprétation des signaux.** Définissez ensuite des traits de caractère (dominant, arrogant, autoritaire, convaincant, timide, soumis, séduisant, etc.) en vous basant uniquement

sur vos observations du langage corporel de ces personnes. Essayez ensuite de suivre cette même émission sans image, en vous basant cette fois uniquement sur les dialogues. Attribuez de nouveaux traits de caractère aux personnes dont vous entendez les voix.

- **Résultats.** Les traits de caractère correspondent-ils dans les deux cas ? S'il est plus que probable que vous parveniez aux mêmes conclusions, n'était-ce pas plus facile d'attribuer des traits de caractère aux personnes en les observant évoluer dans un espace précis qu'en les entendant ?

TROISIÈME EXERCICE : DÉCOUVREZ VOTRE DISTANCE LIMITE

Pour évaluer où se situent les frontières de votre espace vital, effectuez cet exercice avec une personne que vous ne considérez pas comme intime. Tenez-vous à quelques mètres d'elle et entamez la discussion. Laissez-la se rapprocher petit à petit de vous jusqu'au moment où vous ne vous sentez plus à l'aise. Calculez alors la distance qui vous sépare pour vous rendre compte des limites de votre sphère intime.

Plus tard, confrontez ces résultats à la réalité de vos différents échanges quotidiens – depuis la rencontre intime à celle de l'inconnu – pour confirmer cette distance limite.

Votre avis nous intéresse !
Laissez un commentaire sur le site de votre
librairie en ligne et partagez vos coups de cœur sur
les réseaux sociaux !

POUR ALLER PLUS LOIN

SOURCES BIBLIOGRAPHIQUES

- EKMAN (Paul), *Emotions Revealed: Recognizing Faces and Feelings to Improve Communication and Emotional Life*, London, Hachette UK, 2012.

- GEVREY-GUINNEBAULT (Cécile), *Et si je faisais bonne impression ! Communication non verbale. Mode d'emploi*, Paris, Eyrolles, coll. « Et si », 2014.

- GOLDIN-MEADOW (Susan), LEVINE (Susan) et JACOBS (Steven), « Gesture's Role in Learning Arithmetic », in *Emerging Perspectives on Gesture and Embodiment in Mathematics*, EDWARDS (Laurie D.), FERRARA (Francesca) MOORE-RUSSO (Deborah), éd., North Carolina, Information Age Publishing, 2014.

- HALL (Edward Thomas), *La dimension cachée*, Paris, Seuil, 1971.

- MEHRABIAN (Albert), *Silent Messages : Implicit Communication of Emotions and Attitudes*, Belmont, CA, Wadsworth, 1981.

- MESSINGER (Joseph), *Ces gestes qui vous trahissent*, Paris, First Éditions, 1994.

- MESSINGER (Joseph), *Le sens caché de vos gestes*, Paris, First Éditions, 2002.

- Messinger (Joseph), *Le dico illustré des gestes*, Paris, Flammarion, 2009.

- Pease (Allan), *Body Language: How to Read Others' Thoughts by their Gestures*, Sydney, Camel Publishing Company, 1981.

- Tardy (Martine), *Morphopsychologie. Traité pratique. Lire le visage et comprendre la personnalité*, Escalquens, Éditions Dangles, 2012.

- Watzlawick (Paul), Beavin (Janet H.) et Jackson (Donald D.), *Une logique de la communication*, Paris, Seuil, 1972.

SOURCES COMPLÉMENTAIRES

- « L'importance du langage corporel », in *Huxley*, consulté le 12 février 2015.
http://www.huxley.com/fr/actualites-et-articles-de-fond/guides-de-carriere/get-the-job-winning-interview-preparation/body-language-make-a-positive-first-impression

- Huang (Li), Galinsky (Adam D.), Gruenfeld (Deborah H.) et Guillory (Lucia E.), « Powerful Posture Versus Powerful Roles: Which Is the Proximate Correlate of Thought and Behavior? », in *Psychological Science*, vol. 22, 95-102, janvier 2011.

- National Center for Biotechnology Information, « Power Posing: Brief Nonverbal Displays Affect Neuroendocrine Levels and Risk Tolerance », in *NCBI*, consulté le 12 février 2015. http://www.ncbi.nlm.nih.gov/pubmed/20855902

- Pierson (Marie-Louise), *L'intelligence relationnelle*, Paris, Eyrolles, 2003.

- Portail d'OfficeTeam. http://m.officeteam.fr/accueil

- Site de Joseph et Caroline Messinger. http://www.ecoledesgestes.com/

- Site de Paul Ekman. www.paulekman.com

www.50minutes.fr

ISBN ebook : 978-2-8062-6224-0
ISBN papier : 978-2-8062-6374-2
Dépôt légal : D/2015/12603/115
Couverture : © lassedesignen – Fotolia. com

Conception numérique : Primento,
le partenaire numérique des éditeurs